In dieser Maxi-Pixi-Serie »Leo Lausemaus« sind außerdem erschienen:

- Leo Lausemaus träumt schön
- Leo Lausemaus feiert ein Fest
- Leo Lausemaus erlebt eine Überraschung

Maxi Pixi Nr. 323

Dami International, a brand of Giunti Publishing Group
www.giunti.it
Illustrationen von Marco Campanella
Originaltext: Anna Casalis
Herstellung: Derya Yildirim
ISBN 978-3-551-03236-2

**www.pixi.de**

# Leo Lausemaus

## Ein neuer Freund

CARLSEN

Leo Lausemaus ist mit der Mama beim Einkaufen. Da fragt ihn die Mama: »Möchtest du noch ein kleines Geschenk für Max kaufen? Du besuchst ihn doch heute.« Leo schüttelt den Kopf und erklärt: »Nein, ich habe mir schon etwas anderes ausgedacht.«

Zu Hause angekommen, läuft Leo sofort in sein Zimmer. Erst schaut er in seine Spielkiste, dann in die Schubladen der Kommode, zuletzt kramt er in einem großen Spielzeugsack. Leo, was suchst du denn? Aber das möchte er wohl nicht verraten. Er ruft nur: »Endlich hab ich dich gefunden!«, und schon saust er durch die Küche an der Mama vorbei.

»Tschüss, Mama, ich gehe jetzt zu Max!« Max ist mit seiner Familie erst vor ein paar Tagen im Nachbarhaus eingezogen …

Und heute hat er Leo zu sich eingeladen, damit sie sich kennenlernen. Sieh nur, was er Max schenkt: seinen Bagger aus dem Spielzeugsack. »Toll, Leo, jetzt können wir jeden Tag zusammen spielen!«
Als Leo am frühen Abend wieder nach Hause geht, ist er glücklich. Er ist so froh, einen neuen Freund zu haben. Und morgen kommt Max Leo besuchen.

# Leo Lausemaus

## großer Freunde-Tag

Es ist ein schöner sonniger Tag. Leo Lausemaus ist heute wieder im Kindergarten. Er rutscht draußen mit seinen guten Freunden Hugo, Tessa, Didi und Fipsi. Am liebsten würden die fünf Freunde eigentlich gar nicht mehr aufhören zu spielen.

So viel Spaß haben sie nämlich! Deshalb hat Didi eine gute Idee. »Wollen wir unsere Mamas fragen, ob wir uns heute Mittag auch zum Spielen treffen können?«, fragt er. »Oh ja«, rufen alle anderen begeistert.

Nach dem Mittagessen macht sich Didis Papa mit ihnen auf den Weg zum Fußballplatz und die Freunde legen dort direkt los. Leo schießt sogar gleich das allererste Tor! Wie toll!
Nach dem Spiel versorgt sie Didis Mutter zu Hause mit viel Wasser und Obst, damit sie wieder alle zu Kräften kommen. Was für einen Durst die vier haben! Auch das Obst ist schnell aufgegessen.

Da macht Leo einen Vorschlag: »Können wir nicht auch noch bei dir übernachten, Didi?« – »Gute Idee, Leo!«, ruft Didi aufgeregt und fragt seine Mutter. »Mama, geht das?« – »Ja«, antwortet Didis Mutter, »aber ich muss zuerst eure Eltern fragen.«
Zum Glück stimmen auch die anderen Eltern zu, als Didis Mama sie anruft. Sie bringen den Kindern sogar gleich die Schlafsachen vorbei.

Danach legen sich Leo und seine Freunde in Didis Zimmer ein paar Matten und Decken zurecht.
»Das war ein toller Tag! Wir sollten das viel öfter machen«, meint Leo begeistert.
»Oh ja, das finde ich auch«, antwortet Didi.
Nach dem Abendessen putzen sich die vier Freunde schnell ihre Zähne und legen sich hin. Tessa und Hugo schlafen gleich ein, aber Didi hat einiges zu erzählen. Er redet noch ein bisschen mit Leo, bevor auch sie sich in die Decken kuscheln. Morgen spielen die Freunde weiter!

# Leo Lausemaus

## und der kleine Vogel

Leo Lausemaus hatte heute
beim Aufstehen ganz
besonders gute Laune,
und lecker gefrühstückt
hat er auch schon.

Aber nun ist ihm langweilig. Die Spielsachen in seinem Zimmer kennt er ja schon alle.

»Mal sehen, ob die Mama mit mir spielt«, sagt Leo und marschiert mit Teddy in die Küche …

»Hallo, Mama, was machst du denn da?«, fragt Leo neugierig.

»Ich bügle Papas Hemden«, antwortet die Mama.

»Bügeln? Das macht sicher großen Spaß«, meint Leo und will auch bügeln.

»Oh nein, Leo«, erklärt die Mama, »dafür bist du noch zu klein, denn das Bügeleisen ist heiß und du könntest dir damit wehtun.«

Kurze Zeit später ist Leos Mama mit dem Bügeln fertig. Sofort holt sie sich einen Eimer mit Wasser und den Wischmopp. Es sieht lustig aus, wie die Fransen so über den Boden tanzen.
»Ich möchte auch mal putzen«, meint Leo. »Kann ich dir helfen, Mama?«
»Das ist lieb von dir, meine kleine Lausemaus, aber der Mopp ist viel zu groß für dich!«, erklärt die Mama. Leo ist traurig. Zu dumm, dass er der Mama gar nicht helfen kann!

Am Nachmittag beschließt Leo, draußen zu spielen. Warm angezogen stapft er mit Teddy auf dem Schlitten durch den Schnee …

Huch, was ist denn das? Ein kleines Vögelchen sitzt da unter einem verschneiten Ast und zittert vor Kälte.

»Komm nur! Du brauchst keine Angst zu haben. Ich nehme dich mit nach Hause und werde dir helfen«, verspricht Leo.

Hier im Warmen geht es dem Vögelchen gleich viel besser. Und abends freut sich Leo: »Da konnte ich heute doch noch helfen.« »Ja, Leo, du bist die beste kleine Lausemaus auf der Welt. Und nun schlaft gut!«, flüstert die Mama.

Leo Lausemaus wird wieder gesund
ISBN 978-3-963471-20-9

**Mal- und Zeichenspaß**
ISBN 978-3-963471-22-3

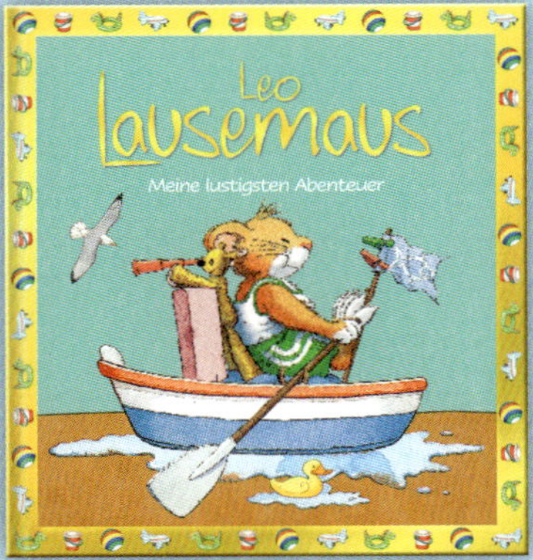


**Meine lustigsten Abenteuer**
ISBN 978-3-963471-21-6

**Vorschul-Rätselblock**
ISBN 978-3-963471-23-0

**Leo Lausemaus lässt sich nicht ärgern**
ISBN 978-3-963470-87-5

...überall im Handel oder unter www.leo-lausemaus.de